Inhalt

Kundencontrolling - Die Ermittlung des Kundenwerts kann die wertorientierte Unternehmensführung unterstützen

Kernthesen

Beitrag

Fallbeispiele

Weiterführende Literatur

Impressum

Kundencontrolling - Die Ermittlung des Kundenwerts kann die wertorientierte Unternehmensführung unterstützen

M. Westphal

Kernthesen

- Im Controlling hat sich die Kundenorientierung noch nicht in den Kennzahlen niedergeschlagen.
- Die Ermittlung des Kundenwerts bedarf im Controlling noch einer Umstellung der Sichtweise.

- Nur eine Erhebung der Kundenwerte kann langfristig die Wertigkeit der Kundenbasis erhöhen und damit auch die Profitabilität des Unternehmens.
- Auch zur Optimierung taktischer Maßnahmen wie Bonusprogramme wird das Kundencontrolling benötigt.

Beitrag

Ein effektives Kundenmanagement steigert langfristig den Unternehmenswert. Daher ist eine entsprechende Ausrichtung aller Unternehmensaktivitäten vom Controlling sicher zu stellen und ist somit auch eine seiner Kernaufgaben. (1)

In Marketing und Vertrieb hat sich die Kundenorientierung durchgesetzt, allerdings noch nicht im Controlling

Die Frage der optimalen Gestaltung von Kundenbeziehungen stellt sich in der Unternehmenspraxis immer häufiger. In Marketing und Vertrieb hat sich die Kundenorientierung schon länger durchgesetzt. Das Marketing muss sich in seiner neuen Rolle als Wachstumstreiber institutionalisieren. Dafür benötigt es die notwendigen Kennzahlen wie Kunden- und Markenwert in der Balanced Scorecard, um sich nicht einer ständigen Infragestellung des Return on Investment von Marketingleistungen gegenüber zu sehen.

Im Controlling allerdings mangelt es an Steuerungskonzepten und quantitativen wie auch qualitativen Modellen zur Unterstützung eines wertorientierten Kundenmanagements.

Es ist bisher noch stark auf Finanzkennzahlen und Bilanzorientierung ausgerichtet und weniger auf Kunden- und Marktgrößen. (1), (6)

Das Controlling muss sich verstärkt um die Analyse des Kundenwerts kümmern

Im Controlling herrscht immer noch eine Produktorientierung vor. Allerdings ist diese Ausrichtung vor allem wegen des inzwischen veränderten Kundenverhaltens nicht mehr ausreichend, weshalb eine Neuorientierung des Controllings notwendig wird. Kunden unterscheiden

sich nicht mehr nur noch durch unterschiedliche Produktnutzungsmuster und intensitäten, sondern sie kaufen zu unterschiedlichen Preisen unter Ausnutzung verschiedener Vertriebs- und Betreuungskanäle in differierender Art und Weise. Die bisher noch im Controlling vorherrschenden klassischen Produktdeckungsbeitragsrechnungen sind zur Analyse dieser Unterschiede nicht mehr ausreichend. (1)
Ein Kundencontrolling soll die Kundendaten erheben, um sie anhand geeigneter Instrumente zu analysieren und an das Management weiterzuleiten. Dieses lässt die Informationen in die Entwicklung geeigneter Maßnahmen zur Marktbearbeitung einfließen. (2)

Die Kennzahl Kundenwert ist in erster Linie auf den Kunden fokussiert und deckt Unterschiede im Kundenstamm wie unterschiedliche Nutzungsmuster und Betreuungsaufwendungen auf, so dass diese Parameter in Entscheidungen berücksichtigt werden können. Der Kundenwert orientiert sich darüber hinaus an der Zukunft und ermöglicht damit eine periodenübergreifende Analyse. So können Einmalaufwendungen wie Akquisitionskosten berücksichtigt werden. Ebenso kann der Entscheider erkennen, wann es sich lohnt, in Kundenbeziehungen zu investieren. (1)
Der Kundenwert ist der Barwert der jeweiligen Kundenbeziehung, also der abgezinste Wert der

künftigen, kundenbezogenen Ein- und Auszahlungen. Sinn macht eine Geschäftsbeziehung nur dann, wenn der Kundenwert, der auch Customer-Lifetime-Value genannt wird, (CLV) positiv ist. Sämtliche Werte des Kundenstammes wie auch die Werte der zukünftigen Kunden ergeben den Customer Equity. Der Customer Equity ist der Gesamtbeitrag der Kunden zum Unternehmenswert. (1), (7)
Der Customer Lifetime Value-Ansatz erweist sich als nützliches Instrument zur gezielten Steuerung des Vertriebs. (7)

Kundenwertanalyse soll kurz-, mittel-, und langfristig Informationen bereitstellen, um die Wertigkeit der Kundenbasis zu erhöhen. So muss für jeden Kunden ein Kundenwert ermittelt werden. Dieser muss als aktueller wie auch potenzieller Wert vorliegen. So können z. B. Kunden identifiziert werden, bei denen Cross- oder Upselling-Potenzial möglich ist. Ebenso ist die Einbindung aller Werte in das Data Warehouse notwendig, um weitergehende Analysen zur Selektion und Segmentierung der Kunden zu ermöglichen.

Ein Projekt zur Initialisierung einer Kundenwertanalyse ist in sechs Schritte aufzuteilen:
- Bestimmung der Anforderungen an die Kundenwertanalyse
- Mathematische Definition des Kundenwerts

- Berechung der statistischen Prognosemodelle
- Zeitliche Planung der Implementierung
- Implementierung
- Nutzung des Kundenwerts

Wie wird eine kundenorientierte Unternehmensführung vom Controlling unterstützt?

Dem Controlling kommt die Aufgabe zu, eine Informationsgrundlage für kundengerichtete Strategien zu schaffen. Daraus ergibt sich, welche Maßnahmen zu welcher Zeit für welche Kundensegmente positiven Einfluss auf den Unternehmenswert haben. (1), (7)
Das führt aber auch zu der Tatsache, dass die vorhandenen Controlling-Instrumente den spezifischen Anforderungen eines kundenwertorientierten Steuerungsprozesses angepasst werden müssen. (1) Dafür muss die Hauptzielgröße definiert und die Werttreiber müssen identifiziert und operationalisiert werden. (1)

Die langfristig orientierte, strategische Kundenwertplanung richtet sich an der Zielgruppenbestimmung und Rangfolgebildung aus.

Es geht dabei auch um die Schaffung einer ausgewogenen Mischung verschiedener Kundengruppen, um einen Ausgleich zu schaffen zwischen jetzigen Gewinnbringern und Potenzialkunden. (1)
Die eher kurzfristige operative Planung trifft Entscheidungen für jedes isolierte Kundensegment. Dabei geht es um die Identifikation konkreter Maßnahmen zur Erhöhung der Kundenumsätze und bindung wie auch der Senkung der Kundenkosten und risiken, um so das Kundenwertpotenzial möglichst vollständig auszuschöpfen. (1)

Bei der Umsetzung der Planungsdaten in eine stringente und konsistente Verankerung der Entscheidungshoheit müssen drei Elemente berücksichtigt werden:
- Die Ziele müssen innerhalb eines logisch zusammenhängenden Zielsystems operationalisiert werden
- Innerhalb der Organisation muss die Ergebnisverantwortung eindeutig zugeordnet werden
- Es müssen entsprechende Anreize geschaffen werden, um die Ziele zu realisieren (1)

Idealerweise werden die Zielwerte in einem schlüssigen Zielsystem so exakt als Zielgrößen definiert, dass sie eindeutig einer Abteilung oder gar einer Person zugeordnet werden können, um auch entsprechende Verantwortlichkeiten zu fixieren. (1) Dabei sollten die Verantwortlichkeiten nicht nur auf Marketing und Vertrieb aufgeteilt werden, sondern auch auf Funktionen wie Produktion und Entwicklung. (1)

Die anschließende Kundenwertkontrolle dient drei Zwecken:
- Ermöglichung eines zeitnahen Steuerns unbefriedigend verlaufender Maßnahmen
- Die Existenz eines Kontrollsystems (und dessen Kenntnis bei den Mitarbeitern) mit entsprechenden Anreizsystemen macht die erfolgreiche Willensdurchsetzung möglich
- Die aus der Kontrolle gewonnenen Erkenntnisse leisten einen wesentlichen Beitrag zum Aufbau eines vertieften Geschäftsverständnisses (1)

Die Kundenwerttreiber können qualitativer (Kundenzufriedenheit) wie auch quantitativer (Umsatz) Natur sein. Allerdings sollten neben den Umsätzen auch die gegenüberstehenden Kosten für Vertrieb, Marketing und Service wie aber auch Entwicklung, Einkauf und Produktion erfasst werden. Denn gerade Kundenindividualisierung führt zu unterschiedlichen Lager- und Wartungskosten. (1) Als dritte Determinante ist das Kundenrisiko einzubeziehen, welches neben dem Churn-Risiko (Abwanderung) auch das Bonitätsrisiko wie aber auch das Planungsrisiko (Verlässlichkeit der Prognosen des Kauf- und Nutzungsverhaltens) umfasst. (1)

Die Vielzahl der Werttreiber sollte das eigentliche Ziel der Wertsteigerung der Kundenbeziehungen nicht verdecken. Es geht nicht um die vollständige Betrachtung der Werttreiber, sondern vielmehr um die Berücksichtigung der für das eigene Geschäftsmodell wesentlichen, um auf diese auch aktiv Einfluss nehmen zu können. (1)

Basel II und andere rechtliche neue Rahmenbedingungen legen die Einführung eines Kundencontrollings nahe

Ein mittelständisches Handelsunternehmen kann anhand eines geeigneten Kundencontrollings im Sinne von Basel II nachweisen, wie der Kundenerfolg der Vergangenheit begründet ist, welches Potenzial in den aktuellen Kunden steckt und inwieweit die geplanten zukünftigen Maßnahmen geeignet sind, neue Kunden zu gewinnen.
Ausschlaggebend ist die Qualität der Daten, die großenteils abhängig ist von der Personalisierung der

Kundendaten. Einkäufe eines Kunden ohne Verknüpfung mit kundenindividuellen Daten liefern nur anonyme Transaktionsdaten, die kaum dazu geeignet sind, die Potenziale der einzelnen Kunden zu quantifizieren. (2)

Ein differenziertes Bild der einzelnen Kunden und Kundengruppen ermöglicht mittelständischen Handelsunternehmen für Basel II die Offenlegung von Chancen und Risiken in jeder Kundenbeziehung. Aber neben Absatz- und Umsatzgrößen müssen auch die Kostengrößen in die Betrachtung einbezogen werden. Gerade im Sinne von Basel II dürfen diese Daten aber nicht nur auf vergangene Kaufdaten beschränkt sein, sondern sie müssen insbesondere auch Kundenpotenzial erfassen. Dabei spielen auch Empfehlungsverhalten, Kaufpotenzial (Cross-, Up-, Re-Buying) sowie die Bereitschaft zur Abgabe von Informationen an die Handelsunternehmung sowie die Kundentreue und der Anteil von Stammkunden eine Rolle. (2)
Schon seit Jahren wird über Methoden diskutiert, die sich mit dem Kundenwert befassen. Das Problem besteht im Zugang zu den Kundendaten aufgrund des Prognoseproblems wie auch aufgrund unvollständiger oder fehlender Personalisierung der Daten. Das im Controlling noch häufig fehlende Know-how bezüglich der Instrumente wie auch der Analyse der Kundendaten besteht auch in den

fehlenden finanziellen und zeitlichen Ressourcen. Insbesondere für den Mittelstand gilt es aber im Hinblick auf Basel II dieses Manko zu überwinden. Eine reine umsatzbezogene Kunden-ABC-Analyse reicht einfach nicht aus, um Chancen und Risiken der Kundenbeziehungen abzubilden. (2)

Auch im Versicherungswesen entwickeln sich gesetzliche Regulierungen, die eine verstärkte Auseinandersetzung mit der Wertschöpfung von Versicherungsverträgen erzwingen und damit ein zunehmend strategisches Wertmanagement des Produktportfolios. Ein Kundenwertmanagementansatz ist daher das geeignete Instrument, um eine solche strategische Steuerung effektiv in die operativen Einheiten zu bringen. (8)

Auch für Bonusprogramme empfiehlt sich zum Erfolgstracking die Einführung eines Kundencontrollings

Viele Unternehmen vertrauen auf Bonusprogramme als Marketinginstrument. Das Ziel besteht darin, die Kunden an den jeweiligen Anbieter zu binden, aber auch in der Generierung von Daten über das Kaufverhalten der Kunden, um darauf aufbauend ein Controlling zu ermöglichen. So können Informationen für erfolgreiche zielgruppenspezifische Marketingaktivitäten erlangt werden. Um den quantitativen Erfolg derartiger Bonusprogramme zu ermitteln, müssen neben den Bonuskosten auch die weiteren teilnehmerabhängigen Kosten, wie Interaktionskosten und die laufenden teilnehmerunabhängigen Kosten, wie Personalkosten und Infrastrukturkosten berücksichtigt werden. Der einzelne Deckungsbeitrag muss außerdem ausreichen, die einmaligen teilnehmerabhängigen Kosten wie Anmeldekosten, Personalisierungskosten und Versandkosten zu decken. Erst dann kann eine Break-Even-Analyse durchgeführt werden. Diese berücksichtigt die rein quantitativen Erfolge bzw. Kosten, die die zusätzliche Generierung der qualitativen Kundendaten ermöglicht. (3)

After-Sales-Maßnahmen verlangen nach Überprüfung ihrer Kosten und Nutzen

Auch für eine effektive Preissetzung von After-Sales-Leistungen kann ein Kundencontrolling genutzt

werden. Die Servicepreise müssen an die Preisbereitschaft der Kunden angepasst werden, die vom relativ wahrgenommenen Nutzen und nicht von den kalkulierten Kosten der Leistung abhängen. So können auch je Kundensegment oder geografischer Region für dieselbe Leistung unterschiedliche Nutzenschätzungen auftreten wodurch unter Umständen unterschiedliche Preise akzeptiert werden. (4)
Viele Chefs wissen nicht, dass ihr Servicegeschäft einen Großteil des Gewinns bei proportional geringem Umsatzanteil erlöst. Basis für guten After Sales Service ist eine gepflegte Kundendatenbank und ein Customer Relationship Management-System, welches Kundenselektionen ermöglicht und verschiedene Kontaktkanäle integriert. Die Nutzung der Kontaktkanäle bestimmen Kunden und Kundenwert. (4)
Systematisch aufgebaute CRM-Systeme unterstützen ein umfassendes und integriertes Kundenbeziehungsmanagement, welches auf einer gemeinsamen Software- und Datenbasis alle kundenbezogenen Prozesse und Kontaktkanäle bereichsübergreifend optimiert. (4)

Fallbeispiele

Bei Kreditinstituten nimmt die Bindung von Bestandskunden einen hohen Stellenwert ein. Allerdings muss trotz aller Bemühungen auch der Wertbeitrag der Kunden im Auge behalten werden. Der zufriedenste Kunde nützt nichts, wenn er dem Institut nur Kosten verursacht. Somit gewinnt der Kundenwert auch bei Kreditinstituten einen hohen Stellenwert im Customer Relationship Management. Die Ermittlung des aktuellen (gegenwarts- und vergangenheitsorientierten) Wertes ist relativ einfach, allerdings gestaltet sich die Prognose als schwierig. Wichtig ist es für Kreditinstitute nicht nach dem Gießkannenprinzip seine personellen und finanziellen Ressourcen zu verteilen, sondern fokussiert gemäß dem Customer Lifetime Value auf Kunden gemäß ihrer tatsächlichen und erwarteten Erträge. (7)

Im Versicherungsgeschäft bildet der Bestandswert den Restwert der bestehenden Verträge eines Kunden ab. Die Rentabilität der Sparte wie auch die Stornowahrscheinlichkeit des Kunden muss dabei berücksichtigt werden.
Das Abschlusspotenzial also das Cross- und Upsellingpotenzial wird durch den Entwicklungswert quantifiziert. (8)

Der Mobilfunkanbieter O2 hat ein unternehmensweites Data Warehouse installiert, welches über die gesamte Wertschöpfungskette tagesaktuelle Informationen zu jedem einzelnen Kunden sammelt. Die Anwender in sämtlichen Hierarchieebenen des Instituts nutzt die zur Verfügung stehenden Analysen und Reports mit unterschiedlicher Intensität. Viele der gesammelten Daten sind für ein erfolgreiches Kundenmanagement von erheblicher Bedeutung. So beinhaltet der Analysebereich Customer Life Cycle Informationen, die die Kundenbasis betreffen, also wie viele Neukunden gewonnen werden konnten und über welche Vertriebskanäle, wie groß die Kundenbasis ist und welche Produkte ein Kunde gekauft hat und wie viele Kunden abgewandert sind. Ebenso werden alle Marketingmaßnahmen erfasst und kontrolliert und fließen dann als Zahlen und Fakten zurück ins Data Warehouse. (5)

Weiterführende Literatur

(1) Weber, Jürgen; Lissautzki, Marius, Erfolgsorientierte Unternehmenssteuerung mit Kundenwerten, Controlling, Heft 6, Juni 2006, S. 277 282
aus Frankfurter Allgemeine Zeitung, 10.04.2006, Nr. 85, S. 22

(2) Schröder, Hendrik; Schettgen, Gabriele,
Anforderungen an das Handelscontrolling im
Mittelstand vor dem Hintergrund von Basel II,
Controlling, Heft 4/5, April/Mai 2006, S. 185 192
aus Frankfurter Allgemeine Zeitung, 10.04.2006, Nr. 85,
S. 22

(3) Diller, Hermann; Müller, Stefan, Lohnen sich
Bonusprogramme?, Marketing ZFP, 28. Jg., 2/2006, S. 135 146
aus Frankfurter Allgemeine Zeitung, 10.04.2006, Nr. 85,
S. 22

(4) Strategisch vorgehen
aus Direkt Marketing, Heft 5/2006, S. 22-25

(5) Erfüllung individueller Kundenwünsche bei O2
Heute für morgen denken
aus Database Marketing, Heft 2/2006, S. 6-7

(6) Führungsstärke ist gefragt
aus HORIZONTmagazin extra 02 vom 20.07.2006 Seite 018

(7) Produkte gezielt anbieten
aus Bankmagazin, Heft 2006/06, S. 44-46

(8) Bei Kundenkontaktprozessen bleibt noch viel zu tun
aus Versicherungswirtschaft, 15.5.2006, 61.Jg., Nr. 10, S. 827

Impressum

Kundencontrolling - Die Ermittlung des Kundenwerts kann die wertorientierte Unternehmensführung unterstützen

Bibliografische Information der deutschen Nationalbibliothek

Die Deutsche Nationalbibliothek verzeichnet diese Publikation in der deutschen Nationalbibliografie; detaillierte bibliografische Daten sind im Internet über http://dnb.d-nb.de abrufbar.

ISBN: 978-3-7379-0036-2

© 2015 GBI-Genios Deutsche Wirtschaftsdatenbank GmbH, Freischützstraße 96, 81927 München, www.genios.de

Alle Rechte vorbehalten. Dieses Werk ist einschließlich aller seiner Teile – z.B. Texte, Tabellen und Grafiken - urheberrechtlich geschützt. Jede Verwertung außerhalb der Grenzen des Urheberrechtsgesetzes bedarf der vorherigen

Zustimmung des Verlags. Dies gilt insbesondere auch für auszugsweise Nachdrucke, fotomechanische Vervielfältigungen (Fotokopie/Mikroskopie), Übersetzungen, Auswertungen durch Datenbanken oder ähnliche Einrichtungen und die Einspeicherung und Verarbeitung in elektronischen Systemen.